AF377362

AU PEUPLE.

LES

SOCIALISTES

Par Louis BERTRAND.

Pour paraître prochainement et successivement :

PAR LE MÊME :

La République et la stagnation des affaires;

De la Propriété et de la Famille ;

De la Religion sociale et de la véritable Fraternité;

Projet d'organisation sociale définitive.

LES SOCIALISTES.

—

De même que les conquérants du nouveau monde, en découvrant une terre inconnue, s'élançaient sur le rivage, et y plantant leur étendard aux yeux des innocents indigènes, disaient : Ces terres et tout ce qu'elles renferment sont à nous ; de même le génie du mal, en plantant sur notre Monde l'étendard des priviléges, a dit : Ce monde est à moi ; quiconque y parlera de droit des peuples, de dignité humaine, de fraternelle union ; quiconque y parlera sérieusement au nom de Dieu qui est le Génie du bien, de son amour pour les hommes, et de sa justice éternelle et inextinguible ; quiconque parlera ainsi restera incompris des uns, sera exécré, maudit et persécuté par les autres.

Il y eut jadis un homme qui vint jeter de par le monde ces deux mots : *Égalité. — Fraternité.* Ou ces paroles étaient l'expression de la science qu'il avait des besoins des hommes et de son amour infini pour eux, le cri de sa conscience d'homme de bien, ou, missionnaire divin, ces mots lui avaient été révélés par ce génie du bien, qui tient dans sa main les destinées heureuses des hommes,

Egalité, — cela voulait dire que les hommes naissant, vivant et mourant tous de la même manière, les uns intelligents ou forts, d'autres faibles ou idiots, selon qu'il plaisait à la providence de l'établir ; cela voulait dire que tous les hommes se valent entr'eux, ont des droits et des devoirs uniformes et que toutes ces distinctions de races ou d'origines, d'hommes libres ou d'esclaves, de nobles ou de manants, de bourgeois ou de prolétaires, ne sont que des usurpations précaires de la cupidité brutale sur le droit, de la ruse et du mensonge sur l'ignorance et la crédulité.

Fraternité, — cela voulait dire qu'enfants d'un même père, qui ne les a doués d'intelligence qu'afin de leur donner le moyen d'être ainsi d'autant plus heureux, les hommes sont tenus de s'aimer et de s'entr'aider comme frères, cette union fraternelle étant une condition inséparable du don qui leur a été fait et de son objet ; que celui-ci donc contrevient à la loi du père commun, qui reste impassible à la vue des misères d'un autre homme et, à plus forte raison encore, quand ces misères sont causées par lui, par ses prétentions à des jouissances exceptionnelles, jouissances qui, en faisant de lui un être privilégié, font nécessairement de l'autre un être privé de sa part légitime de jouissances, dépendant et par conséquent malheureux.

Dans ces temps-là, la société humaine était composée à peu près comme elle l'est encore de nos jours :

Il y avait des patriciens jouissant de tout et abusant de tout, du droit de gouverner les autres hommes, comme des richesses qui procurent l'aisance, aussi bien que la satiété, comme des grandeurs qui donnent l'orgueil et enfantent le mépris de ses semblables : la tyrannie des uns, à côté de l'abrutissement des autres ;

Il y avait des plébéiens ou hommes libres ne possédant d'autre prérogative que celle de jouir à peu près librement de leur héritage et du fruit de leur travail ;

Enfin il y avait des esclaves : ceux-là étaient les serviteurs des autres, ils ne s'appartenaient pas, ils travaillaient pour des maîtres qui ne les nourrissaient que parce qu'ils avaient intérêt à leur conservation, pouvaient les vendre, et même les tuer ; il y avait des éleveurs d'esclaves et on menait ces esclaves au marché, la corde au cou, comme on y mène aujourd'hui un cheval, une vache ; et, quand ils étaient hors de service, on les envoyait mourir à la voirie,

Aussi les patriciens et les plébéiens crièrent-ils au scandale, fulminèrent-ils l'anathème contre cet homme qui osait dire que l'esclave était l'égal, le frère du patricien et du plébéien, qu'il était un homme comme eux, ayant droit d'user en liberté et pour lui-même de son intelligence et de sa force corporelle.

Et les patriciens, les plébéiens, les sages et les

docteurs de la loi dirent que cet homme, qu'on appelait le Christ, était un imposteur, un blasphémateur, et ils le condamnèrent à mourir sur une croix.

Et les esclaves eux-mêmes, appelés à choisir entre celui qui venait les racheter par sa parole, et un voleur de grand chemin, crièrent tous et d'une voix unanime : Que Barrabas le voleur soit libre et que Jésus de Nazareth soit crucifié !

Et le voleur fut sauvé et put continuer ses méfaits ; il fut sauvé comme pour constater qu'il n'y avait guères dans le monde d'alors que des voleurs et des ignorants crédules.

Mais l'homme juste mourut, établissant ainsi qu'il était seul de juste dans cette société.

N'est-ce pas encore là l'histoire de notre époque ?

Nouveaux apôtres de la sainte et sublime doctrine du Christ, des hommes qu'on appelle des *Socialistes*, viennent, une seconde fois, proclamer cette doctrine *dans toute sa pureté* et l'enseigner au monde, non parce qu'elle vient du Christ, Dieu fait homme, ou homme-Dieu, ou simplement homme, non parce qu'elle est évangélique, mais, uniquement, parce qu'elle est la vérité, cette vérité réellement *divine, éternelle* qui, à elle seule, fit toute la puissance du christianisme et devra fonder celle du socialisme.

Comme le Christ, ces hommes disent : *Hommes, vous êtes tous égaux,* vous avez donc tous droit aux mêmes jouissances, au même bonheur ; — *Hommes, vous êtes tous frères*, aimez-vous les uns les autres ; par conséquent, *soyez tous libres.*

Mais, comme au temps du Christ, il y a, dans notre société, des hommes qui, sottement orgueilleux d'une origine que presque toujours des victimes humaines ont faite grande, se croient d'une race à part et se prétendent les maîtres des autres hommes ;

Mais il y a des bourgeois qui, arguant de titres que le dol, la fraude et l'usure leur ont conférés plus souvent qu'un travail honnête, jouissent également de tout, sans aucune condition de travail ;

Il y a enfin des esclaves du travail, c'est-à-dire, des hommes qui, parce qu'ils sont nés pauvres, travaillent tout le cours de leur vie et ne se reposent que dans la tombe. Ces hommes fournissent à eux seuls tout ce qui sert à la vie des hommes, au bien-être des bourgeois comme au luxe des grands, et ils sont les seuls qui ne jouissent de rien.

Mais les nobles et les bourgeois ont eu soin de laisser et d'entretenir ces esclaves dans une ignorance complète et de leurs droits et de leurs véritables intérêts, de sorte que, si le Christ revenait une seconde fois sur la terre, ils n'en voudraient pas pour faire un maire de village et encore moins leur représentant à l'assemblée nationale ; ils n'en voudraient point parce que, fils d'un pauvre menuisier, le Christ ne serait ni grand-seigneur ni riche.

Et nobles, bourgeois et peuple crient haro,

fulminent l'anathème contre ces nouveaux Rédempteurs des hommes qu'ils appellent *Républicains rouges* ou hommes de sang, *Socialistes* ou utopistes. Ils rejettent toutes leurs propositions : les nobles et les bourgeois, parce qu'elles ont pour objet d'attenter à leur suprématie ; le peuple, parce qu'on lui a fait accroire que ces socialistes, en demandant des droits égaux pour tous, voulaient le partage des biens, l'abolition de toute propriété, la suppression de la famille. Habitué à considérer avec crainte la toute puissance des classes privilégiées, à chômer et souffrir quand ces classes sont mécontentes, le peuple va jusqu'à croire que lui seul pourrait être victime d'une modification sociale.

Cependant que sont ces socialistes ?
Quels sont leurs principes ?
Que demandent-ils ?

Ce qu'ils sont, le voici :

Les uns appartiennent à la classe la plus intelligente et la plus éclairée des travailleurs. Ilotes sous l'oligarchie bourgeoise dont le type fut la monarchie constitutionnelle, n'ayant d'autres places dans le monde que celles qu'ils se frayaient à force de génie ou de bras et que le crétinisme gouvernant leur disputait encore, ces hommes se sont pris à chercher la cause de leurs griefs, et ils l'ont eu bientôt trouvée dans le vice de notre organisation sociale, dernière étape fournie par la barbarie féodale qui s'y meurt de vieillesse aussi bien que de mépris. C'est ainsi qu'ils sont devenus socialistes.

C'est contre ces socialistes, les plus fermes et aussi les plus nombreux, que l'esprit acariâtre et rancunier de la vieille société déchaîne ses foudres les plus terribles. Si vous trouvez ce qui existe mauvais, disent-ils, si vous nous contestez nos prérogatives, c'est parce que vous ne possédez aucun bien qui puisse vous les procurer; travaillez et vous deviendrez comme nous, riches et maîtres; autrement vous n'êtes que des voleurs!

Et les socialistes répondent : nous pourrions discuter vos titres et vos droits, nous y renonçons, non parce qu'il y a prescription contre nous, mais parce qu'il ne nous convient pas de revenir sur des iniquités dont on peut, en poussant l'indulgence aussi loin que possible, accuser l'imperfectibilité humaine. Gardez donc vos richesses, gardez toutes vos jouissances ; au prix où vous les détenez, nous n'en voulons pas, car nous savons que, par une juste et équitable compensation providentielle, réparatrice, elles traînent à leur suite autant de misères que toutes celles qui nous affligent. Tout ce que nous vous demandons, c'est qu'en cessant de vous aimer trop vous-mêmes, vous nous permettiez, à nous, de nous aimer un peu aussi ; c'est que vous nous laissiez jouir de nos droits, du fruit de notre travail et de nos peines, et ne veniez pas nous les arracher par vos impôts arbitraires, l'inhumaine omnipotence de vos capitaux, et surtout par cet abaissement intellectuel où vous nous tenez, abaissement qui, non seulement humilie, mais encore met l'homme ignorant et crédule à la merci de l'homme adroit et cupide. Cessez donc de nous exploiter et de vivre de nos sueurs, et nous nous déclarons contents et satisfaits. Nous avons été vos dupes, soit ! mais sommes-nous donc des voleurs parce que nous ne voulons plus être dupes, et que nous commençons à voir clair à nos affaires ? S'il en était ainsi l'honnête homme serait celui qui a volé, le fripon serait celui qui ferme sa porte aux voleurs. Enfin, vous qui nous faites un crime de demander des choses qui nous manquent et parce qu'elles nous manquent, ne vous apercevez-vous pas que la conséquence logique de votre accusation, si elle était fondée, serait celle-ci : c'est qu'on n'a le droit de demander que lorsqu'on est déjà pleinement satisfait. Il est vrai qu'il y a long-temps que vous mettez cette morale en pratique, mais si c'est encore là un de vos titres, il ne vaut guère mieux que les autres.

Il existe encore d'autres Socialistes, mais j'avoue qu'ils sont en moins grand nombre : ce sont les hommes qui, doués d'un sang vraiment noble et généreux, ont pu échapper aux atteintes des deux grandes infirmités de notre époque bourgeoise, l'égoïsme et la cupidité. Héritiers d'une position toute faite, dédaigneux ou revenus de ces aspirations ambitieuses qui troublent le cœur bien plutôt qu'elles ne l'élèvent, ils ont cherché la science pour la science, et n'ont pas tardé à découvrir le grand mouvement de réformation qui travaille notre siècle.

Consciencieux et aimant ce qui est beau, ils ont commencé par admirer en esprit l'ère grandiose qui s'avançait portant pour symbole la fraternité et la solidarité humaine ; puis, trop fiers d'eux-mêmes pour suivre le vieux monde qui s'enfuyait boitant, rachitique et grimaçant de laideur et de rage brutale, comme un avare usurier aux prises avec la justice, ils se sont faits socialistes par amour du vrai et du juste.

Si ceux-là sont aussi des voleurs, il faudra qu'ils se volent eux-mêmes ! Mais, qu'on se rassure, il n'y a de voleurs que dans l'imagination timorée de ces bons bourgeois qui, désolés de n'avoir à mettre en travers du chemin du progrès autre chose que leur pot-au-feu et leur bonnet de coton, vont ramassant toute la boue des hauts lieux et essaient de nous en salir. Pauvre bourgeoisie !

Et il n'y a pas parmi nous de ces ambitieux plus jaloux d'obtenir des honneurs en gouvernant que de gouverner pour être à même de faire le bien ; il n'y a pas, Peuple, parmi les Socialistes, de ces vieux corrompus du régime passé qui cherchent à te séduire pour t'asservir de nouveau ; de ces légistes impies, sans foi ni cœur, qui spéculent sur ton ignorance ; de ces intrigants éhontés qu'on retrouve partout, ni de ces mendiants serviles du suffrage électoral qui ont perdu la monarchie et perdraient encore la République, si tu te laissais prendre à leurs belles paroles, si tu les croyais même lorsque, faisant au besoin du socialisme un drapeau à l'ombre duquel cheminerait leur ambition, ils iront jusqu'à avouer, mais bien bas, qu'ils sont Socialistes; il n'y en a pas — parce que le titre de Socialiste, porté haut et fièrement comme nous le portons tous, est, dans le monde des adorateurs du veau d'or qui font et défont les réputations, un titre d'opprobre et de mépris, et qu'il faut, pour oser le porter en face de tous, aimer franchement et sérieusement ses frères, leur être dévoué de cœur et d'âme, et plus priser l'assentiment de sa conscience que les honneurs du monde et la considération des méchants et des sots.

Voici, maintenant, quels sont les principes des Socialistes.

Les productions de la terre ont été destinées à subvenir à la consommation qu'en peuvent faire les divers animaux qui la peuplent et n'en forment eux-mêmes qu'une portion intégrante.

De tous ces animaux, l'homme, doué de l'intelligence qui, en faisant de lui un être privilégié, le rend, pour ainsi dire, le maître de la terre, l'homme est celui qui consomme le plus et est celui aussi qui se procure avec le plus de facilité ce dont il a besoin.

Néanmoins les richesses naturelles du sol seraient de beaucoup insuffisantes pour la consommation et l'utilité de l'homme, si celui-ci n'intervenait pas dans le fait de leur production et ne les centuplait par son action propre et conjointe, par le travail de son intelligence et de ses bras : sans le travail de l'homme, la terre ne produirait que des ronces.

C'est ainsi que le travail devient une obligation pour tous les hommes et leur incombe avec toute la rigueur d'une question de vie ou de mort.

Cependant, à la différence des autres animaux qui sont obligés de chercher leur subsistance au jour le jour et ne peuvent cesser de travailler, l'homme a pu obtenir, par le développement de son intelligence, les moyens de se procurer en peu d'heures ce qui doit lui suffire pour sa consommation de plusieurs jours.

Mais il a surgi alors parmi les hommes des orgueilleux qui ont dit : le travail est indigne de nous ; et, comme ils étaient à la fois forts, audacieux et rusés, ils ont forcé les autres hommes à travailler à leur place ; et bientôt, insatiables dans leurs désirs, il a fallu pour la satisfaction d'un seul des leurs, le travail de dix, de cinquante et de cent hommes. C'est ainsi que Caïn tuait son frère Abel ; c'est ainsi que la loi de la fraternité que Dieu avait enseignée lui-même aux premiers hommes cessait d'être appliquée dans le monde ; c'est ainsi que naissait avec la tyrannie l'esclavage, avec l'asservissement des uns le malheur de tous.

Alors il s'est trouvé sur la terre des individus qui ont travaillé depuis le jour de leur naissance jusqu'à leur mort, depuis le lever du soleil jusqu'à son coucher et même pendant la nuit, sans repos ni trève ; et ces individus n'ont joui de rien, ont à peine été nourris, ont eu froid et ont manqué d'un lit pour reposer leurs membres et d'un abri contre l'intempérie des saisons.

Alors aussi il s'est trouvé d'autres individus qui n'ont plus travaillé, qui ont joui de tout, des délices de la bonne chère et des commodités de la vie, comme du luxe et des habitations somptueuses ; qui ont joui des honneurs et de l'humiliation des autres hommes, comme de l'amour des jeunes et plus belles femmes. Mais de même qu'il avait maudit Caïn le fratricide, Dieu avait maudit ces hommes : ils cherchaient le bonheur et ne le trouvèrent point.

C'est ainsi que, sous la conduite de Moïse, les Hébreux s'enfuirent d'un pays où ils étaient esclaves pour aller vivre libres dans un autre pays ;

C'est ainsi qu'au temps du Christ, il y avait des patriciens et des esclaves ; qu'il y eut plus tard des barons féodaux et des serfs ; plus tard encore, et jusqu'en 1789, des nobles et des manants ; et que de nos jours, enfin, il y a des bourgeois et des prolétaires.

C'est ainsi qu'avant 1789, les prêtres et les nobles, qui possédaient toutes les terres et toutes les richesses, ne payaient pas un sou d'impôt ; c'était le manant qui ne possédait rien que ses bras, qui payait tout ;

C'est ainsi qu'aujourd'hui la moitié des bourgeois, riches en numéraire seulement, ne paie rien et l'autre moitié peu de chose, tandis que le petit propriétaire et le prolétaire sont accablés d'impôts.

C'est ainsi, enfin, que l'ouvrier, le petit industriel et le commerçant se trouvent être à la merci du capitaliste.

Qui laboure la terre et fait les moissons? Qui travaille le fer et les métaux, le bois et la pierre? Qui parcourt les mers et donne ses plus belles années et son sang pour assurer aux autres les tranquilles jouissances du foyer domestique? Qui va à des profondeurs immenses chercher la houille et le minerai? Qui fabrique les étoffes, les couleurs aux mortelles émanations, les produits chimiques et toutes ces matières qui alimentent la vie, fournissent le luxe et procurent toutes les jouissances de ce monde?.

C'est le peuple; et le peuple est le seul qui ne jouisse d'aucune de ces choses.

Qui se lève à midi, déjeûne et va au bois pour gagner de l'appétit à son dîner? Qui consomme les mets succulents et les vins exquis? Qui jouit des honneurs, du luxe et des habitations somptueuses? Qui a des valets, des chevaux, des chiens pour la chasse et de brillants équipages? Qui ne travaille jamais, n'a à penser qu'à ses plaisirs et fait tout ce qu'il doit faire en s'amusant beaucoup?

C'est le riche, c'est l'héritier d'un Burchart, détrousseur de grande route, dont le roi Dagobert fit le premier baron chrétien; c'est le fils d'un usurier, d'un homme de loi retors, d'un spéculateur sans entrailles ni bonne foi; c'est un joueur de bourse heureux, un fonctionnaire qui cumule les emplois et n'en remplit aucun; c'est un cagot qui prêche la pauvreté et ne pense qu'à jouir et briller.

Au peuple qui produit TOUT, — RIEN !
Au riche qui ne produit RIEN, — TOUT !

Cet état de choses connu, les Socialistes ou plutôt les amis de la justice et de l'équité ont dit : (*)

« Tout peuple a pour principe la famille, bâse
» éternelle des sociétés qu'elle engendre par son
» développement naturel. La famille est le type
» de toute organisation et la condition de toute
» existence. » Nulle société n'existe donc d'une
manière normale, si tous ses membres ne sont
pas solidaires les uns des autres, si l'action propre
de chacun d'eux cesse de converger dans le sens
de la prospérité de tous.

Le despotisme, seul, a pu élever des barrières
entre les nations ; mais simples membres de la
société générale appelée l'humanité, les sociétés
partielles sont solidaires les unes des autres. « De
» cette intime solidarité dérivent, comme ses
» conséquences immédiates, la concorde, la paix,
» l'obligation pour tous les peuples de se prêter
» un secours mutuel toutes les fois que leur
» liberté, leur indépendance, leur droit souverain
» sont attaqués. »

(*) J'avertis le lecteur que j'entends assumer sur moi
seul la responsabilité des idées qui sont émises dans ce
livre, encore bien qu'elles soient communes à la majorité
de mes frères en opinion, et généralement admises par
eux. Ainsi celles de ces idées qui sont renfermées entre
des guillemets (« — ») appartiennent à la déclaration de
principes faite, en novembre dernier, par les Représentans montagnards, sous le titre de : *Déclaration au peuple.*
(*Note de l'auteur.*)

Le travail c'est la vie. Il a été imposé à l'homme non par une loi fatale, mais par une loi nécessaire et bienfaisante. Tout homme a donc le droit et le devoir de travailler : le droit, parce que sans le travail il n'y a dans la vie qu'ennui, dégoût et remords ; le devoir, parce que celui qui jouit, sans condition de travail, vole ses frères en les obligeant à travailler pour lui. Nul ne doit être forcé de travailler pour être utile à quelques autres qui ne travaillent pas ; tous au contraire doivent pouvoir travailler pour acquérir les biens qui procurent l'existence, le bien-être et même le repos absolu. « Le droit au travail est donc le » droit à la vie. Il est parallèle et même antérieur » au droit de propriété qui n'en est que le résul- » tat. »

« Le travail c'est la propriété à faire ; la pro- » priété, c'est le travail réalisé. La propriété est » donc inviolable et sacrée comme le travail dont » elle est le mobile et le prix. En ce qui touche » son essence, elle est de droit absolu » et celui qui la possède doit pouvoir en user librement par et pour lui même. « En ce qui touche sa garantie » et la distribution, elle est de droit relatif et » soumise aux lois positives. »

» Entre la propriété et le travail il ne doit pas » y avoir antagonisme » autrement la propriété serait le droit d'exploiter le travail ; autrement le travail ferait de dures conditions à la propriété consommatrice, lui deviendrait tyrannique et se nuirait à lui-même.

« Ebranler la famille, toucher aux liens na-

2*

» turels qui unissent le père, la mère et l'enfant,
» et qui font d'eux comme un seul être, l'homme
» complet, c'est attenter à la vie même du genre
» humain.

» Loin de vouloir détruire la propriété, nous
» voulons l'étendre, la généraliser, la rendre
» accessible à tous, afin que, dans un temps
» donné, par l'essor même des institutions sociales
» et les effets du travail personnel, chaque
» citoyen arrive à ce suprême complément de
» son individualité : la famille et la propriété.
» Telle est l'aspiration de ce peuple intelligent et
» probe qui, dans les journées de juillet 1830
» et de février 1848, fusillait les voleurs et
» proclamait le droit au travail, associant ainsi,
» dans une sublime unité, les deux grands prin-
» cipes d'ordre et de progrès : le travail et la
» propriété.

» Entre le travail à faire et le capital qui est
» le travail fait, il faut une répartition conforme à
» la loi d'équité. Il faut enfin que l'État inter-
» vienne, non pour fournir le travail, mais les
» moyens, les instruments de travail; non pour
» être chef d'industrie, mais régulateur du crédit.
» Le droit au travail est le droit au crédit.

» Les institutions démocratiques ont pour but
» la réalisation des principes éternels que nous
» venons de reconnaître, et, par suite, l'améliora-
» tion progressive de l'état physique, intellectuel
» et moral de tous les citoyens. » Elles n'en peuvent avoir d'autre et ne sauraient vivre à côté
des erreurs du passé.

« Le progrès est l'éternelle loi de l'humanité.
» L'humanité ne s'arrête jamais sur la route que
» lui trace la providence. Tout progrès a été,
» dans le passé, le prix d'une lutte violente entre
» l'erreur et la vérité; mais, grâce à la forme
» nouvelle d'un gouvernement où tout émane de
» la volonté de tous, la lutte, c'est notre espoir,
» sera désormais pacifique. » Les révolutions
violentes sont précaires; pour être solide et
durable, toute amélioration doit sortir de la
volonté et du consentement de la raison publique,
» être enfin le développement régulier des insti-
» tutions dont le germe est déposé dans le sein
» fécond de la démocratie. »

« Nos principes et nos actes diront qui de nous
» ou de nos ennemis, a le plus avant dans le cœur
» les sentiments de justice et d'humanité; qui
» d'eux ou de nous a recueilli la part des tra-
» ditions sanglantes : nous qui, dans l'ardeur de
» notre démocratie, avons voulu abattre l'écha-
» faud ; eux qui, dans le calme de leur modéra-
» tion, ont voulu le maintenir et l'ont maintenu. »

Voici, enfin, ce que demandent les Socialistes.

Ils veulent l'*Unité du pouvoir*, et comme conséquences :

« La souveraineté réelle, morale et matérielle
du peuple, sans fédéralisme, sans despotisme; »

« La République une et indivisible dans le
pouvoir comme dans le territoire; »

« Le pouvoir unique et les fonctions distinctes;
» une assemblée législative suprême, direc-
» tement élue par tous les citoyens; les fonctions
» exécutives, temporaires, dépendantes et révo-
» cables ; »

« La vie donnée aux départements et aux
» communes par un double mouvement du centre
» aux extrémités et des extrémités au centre, qui
» anime ainsi les parties comme le tout; la cen-
» tralisation, mais non l'absorption. »

Ils veulent *la Liberté pour chacun et pour tous,*
en conséquence : le droit de manifester, de pro-
pager et d'enseigner sa pensée par la parole, par
la presse et par tout autre mode d'exprimer
l'idée humaine, avec abolition de toutes les lois
préventives et fiscales, cautionnements de jour-
naux, priviléges d'imprimerie et de théâtres, cen-
sures et tout autres entraves ;

Le droit de réunion ; le droit d'association ; le
droit d'exercer son culte ; la séparation radicale
du culte et de la politique ;

La liberté d'enseignement, sous garanties de
capacité et de moralité, et sous la surveillance de
fonctionnaires institués AD HOC.

Ils veulent *l'Égalité pour tous et entre tous,* en
conséquence :

Le suffrage universel, fondement nécessaire de toutes les institutions, qu'il peut,
seul, légitimer et assurer; l'application la plus
large possible de l'élection et du concours pour

toutes les fonctions publiques, politiques, civiles et militaires, et même les fonctions religieuses ;

Le service militaire personnel et sans remplacement, ou mieux la suppression de l'armée permanente, instrument de tyrannie aux mains des gouvernants, onéreuse plus souvent que nécessaire. Elle serait remplacée par la mobilisation à divers dégrés des hommes capables de porter les armes, recevant l'éducation militaire dans leurs foyers ;

La répartition plus équitable de l'impôt ;

L'affranchissement des prolétaires ; la reconnaissance de tous les droits méconnus et de tous les droits acquis ; la représentation de tous les intérêts anciens et nouveaux ; la satisfaction de tous les besoins légitimes ;

Le rachat par l'État des chemins de fer, des canaux et des mines qui, dans l'état actuel des choses, mettent la fortune publique et la prospérité de tous à la discrétion de quelques financiers ;

La suppression ou la réforme de la caisse d'amortissement qui, sous prétexte de maintenir les cours et le crédit public, fournit à quelques individus haut placés le moyen de s'enrichir sans rien risquer, coûte beaucoup aux contribuables et ne rapporte rien, même dans les temps de crise.

Ils veulent *la fraternité de chacun pour tous et de tous pour chacun,* et comme application :

La solidarité de tous les citoyens et de tous les

intérêts ; les institutions de crédit, de prévoyance, d'assurance, d'assistance et de mutualité ;

Le droit au travail, aussi bien par le crédit que par la création de travaux, à la charge de l'Etat et des communes, destinés, au cas de chômage accidentel, à tenir lieu de ces secours qui sont une humiliation pour celui qui reçoit, et un don sans profit pour celui qui paie ; l'association libre du travail pour la production, l'équité dans la distribution ;

La réforme d'une administration compliquée et onéreuse ;

La réforme judiciaire et la justice gratuite, c'est-à-dire, la simplification des formes et la réduction des frais ; l'institution des prud'hommes pour toutes les matières civiles et commerciales, et du jury pour toutes les matières pénales ;

La réforme des lois pénales qui, tout en châtiant justement le malheureux qui vole un pain, sont sans vigueur contre le tuteur qui vole son pupille, le frère qui vole son frère, le fripon qui ruine cent familles ; contre l'accapareur de grains, le fonctionnaire qui pille le budget ou vend ses faveurs ;

L'harmonie et la paix par l'abondance et la justice.

Enfin les socialistes veulent *combattre et abattre* les deux derniers tyrans du peuple : *l'ignorance et la misère*, l'ignorance par un mode d'enseignement qui donne gratuitement à chacun l'instruction générale et professionnelle ; la misère par la réforme complète de l'impôt, par le crédit et l'association.

Ces quatre dernières questions ont trop d'actualité et d'importance pour que je n'y revienne pas et ne les traite comme elles le méritent, séparement et de manière à les faire bien comprendre. C'est en effet dans ces questions que réside principalement la dernière solution du problême social.

DE L'ENSEIGNEMENT.

L'enseignement comprend : l'enseignement intellectuel qui se divise en primaire ou nécessaire, secondaire et supérieur.

L'enseignement professionnel. Je traiterai sous ce dernier titre de l'enseignement supérieur.

L'instruction primaire doit être gratuite et forcée : *gratuite,* parce qu'elle est un besoin, une nécessité d'état dans un pays démocratiquement organisé; parce qu'elle est un instrument de travail venant puissamment en aide à l'action corporelle, par conséquent un moyen d'acquérir et de conserver avec la propriété, l'indépendance et le bien-être. Alors qu'un état social est constitué sur le principe de l'égalité et de la fraternité, on ne doit pas admettre que l'enfant du pauvre puisse rester à l'état de paria deshérité d'une partie des chances que les autres possèdent.

Forcée, parce que la souveraineté du peuple sera un vain mot tant que ce peuple, appelé à faire ses affaires lui-même, sera exposé à les mal faire, en restant ignorant et par suite facile à dominer ou à tromper. Si autrefois il suffisait d'être riche pour faire un électeur, ce n'est pas une raison pour qu'aujourd'hui il puisse suffire de porter culotte ; il faut savoir faire un bon choix. Lors des élections qui eurent lieu pour le conseil général de mon département, je vis trois électeurs s'apprêtant à voter pour le candidat du parti légitimiste. Curieux de savoir la raison d'une telle préférence de la part d'ouvriers, j'appris que l'un d'eux avait vendu un chien de chasse à ce candidat ; je vote, dit-il, pour celui qui me fait gagner ma vie. Voilà un conseiller qui aurait pu devoir son élection à un chien ; voilà comme le peuple ignorant des campagnes use de sa souveraineté.

D'un autre côté serait-il juste de soumettre au jugement de parents aveugles et eux-mêmes ignorants, ce qui doit être pour leurs enfants une condition essentielle d'avenir et d'émancipation.

L'instruction secondaire doit être *volontaire, soldée* par ceux qui en ont les moyens, *gratuite* pour un nombre déterminé d'enfants qui auront montré des dispositions exceptionnelles aux écoles primaires. Ainsi, chaque année scolaire, on extrairait de ces écoles, au moyen du concours combiné avec l'élection, un nombre donné d'élèves, les plus intelligents, qui iraient recevoir gratuitement, dans un collége, l'instruction secondaire.

Enseignement professionnel. Dans un état social vraiment démocratique, il faut honorer le travail, exalter même la condition de travailleur; pour que le travail soit honoré, il faut que le travailleur soit honorable et, pour qu'il soit honorable, il ne faut pas qu'il reste à l'état de brute insoumise et vicieuse; il faut qu'il soit non seulement instruit et capable, mais encore moral, honnête et religieux observateur des lois de la tempérance, du DÉCORUM et de la fraternité. L'école primaire commencera cette éducation et l'école professionnelle l'achèvera.

Jusqu'ici l'instruction professionnelle à été inabordable pour la majeure partie des enfants du peuple, car il fallait payer l'apprentissage; et quel apprentissage? souvent une école de vices et d'habitudes honteuses et dégradantes.

Il y aura, sur le territoire de la République, un ou plusieurs grands établissements spéciaux pour chaque nature de métier ou profession industrielle; et, dans chaque circonscription agricole, un semblable établissement ou ferme modèle, avec une école supérieure d'agriculture et d'expérimentation, destinée à former des professeurs pour les fermes modèles. Les élèves seront reçus dans ces établissements, et y seront entretenus *gratuitement,* sous condition d'y séjourner et d'y travailler pendant un temps donné : c'est ainsi que ces établissements, loin d'être onéreux à l'État, devront au contraire lui profiter et à tous en même temps.

L'aptitude de tous les citoyens à occuper les

emplois honorables et les fonctions publiques sera un leurre tant que le pauvre ne pourra pas se procurer l'instruction qui rend apte à remplir ces emplois. L'admission gratuite dans les colléges des enfants intelligents commencera cette réparation ; en ce qui touche les hautes études comme le droit, la médecine, le génie, l'administration, l'art militaire, etc., etc., qui tous devront devenir des emplois publics, les élèves sortis des colléges, sans distinction, y seront admis au concours et entretenus gratuitement jusqu'à leur sortie.

Quant aux emplois à nomination, s'il en existe, et qui n'exigeraient pas des études positivement spéciales, il en sera réservé les deux tiers aux élèves boursiers des colléges, qui n'auraient pu se faire admettre pour les hautes études. Ils y seront nommés après un surnumérariat appointé. Non seulement ce système est équitable dans son principe et dans ses proportions, mais il est encore utile et nécessaire dans son application : équitable dans son principe, parce qu'il confisque le monopole des riches sur les fonctions honorables et salariées ; équitable dans ses proportions, parce que les familles sans fortune sont plus nombreuses que celle qui possèdent et ont aussi besoin de plus de protection ; utile, parce que les charges publiques pourront être occupées par des hommes intelligents et fourmilleront moins de crétins ; nécessaire, parce que la société ne saurait, sans danger pour sa propre sécurité, fournir à des jeunes-gens sans fortune une éducation supérieure et les abandonner ensuite, sans appui et sans ressource, au beau milieu du pavé.

Ce sont surtout ces idées que les hommes à vues étroites du passé traiteront de monstrueuses et d'impies. Eh! quoi, diront-ils, vous voulez que ces mendiants deviennent des savants? mais ils ne voudront plus travailler!

D'abord disons que ce n'est pas avec l'éducation primaire que le plus grand nombre ne dépassera pas, qu'il y aura surabondance de savants; l'amour-propre bourgeois a fait plus de demi-savants que le régime démocratique n'en fera et n'en pourra faire. Mais ce que sérieusement, les hommes à priviléges redoutent le plus, et ce que l'expérience des temps a bien pu aussi leur apprendre à redouter, c'est qu'il leur devienne de plus en plus difficile de faire des dupes, au fur et à mesure que le peuple s'éclairera et saura se diriger lui-même. Quelques-uns en même temps, peuvent bien craindre qu'on ne s'aperçoive enfin que l'argent n'est pas l'unique vertu, et qu'un sot, serait-il cousu d'or, n'en est pas moins toujours un sot. D'autre part, ces gens ayant joui jusqu'à présent du monopole des places honorables et lucratives, trouveront mauvais que le peuple vienne leur disputer ce monopole. Comprend-t-on, diront-ils, que le fils d'un terrassier puisse devenir préfet? ces socialistes sont fous! Tout doux, Messeigneurs, nous pensons, nous socialistes, que pour devenir préfet, il suffit de savoir l'être et qu'il n'est pas indispensable pour cela d'être le fils d'un ci-devant ou d'un accapareur de grains.

Il est enfin une autre espèce de gens qui dénie l'efficacité de l'instruction généralisée. Nous avons bien fait nos affaires, disent-ils, sans avoir jamais su ni lire ni écrire, pourquoi nos enfants ne feraient-ils pas aussi bien. J'admets que quelques individus de cette sorte ont pu s'enrichir, mais faire fortune n'est pas le but de la vie active et bien remplie, c'est d'être heureux. Supposons un ignorant dispensé de tout travail; que fera-t-il? il s'ennuiera et, comme il ne pourra par dîner dix fois par jour, il s'enivrera : voilà un homme qui, pour ne pas être malheureux de son bonheur se fera brute. Ces ignorants, d'ailleurs, ont-ils bonne grâce de prétendre régir les autres de par la loi de leur nullité intellectuelle? s'il en était ainsi le meilleur des juges serait celui qui n'a jamais appris à juger. A ce propos qu'on me permette une anecdote. Un de nos peintres les plus célèbres dessinait au milieu des champs, lorsque vint à passer un gros paysan, maire de son village et maquignon de son état. Quoi que vous faites là, jeune homme, dit le maquignon-maire? Je peins. — Ah ! vous *peindez* ; drôle de métier que vous faites là ; à votre âge vous feriez *ben* mieux d'aller piocher la terre. — Voilà de ces individus qui, tout fiers de leur rustique encolure et de leurs mains calleuses, traitent avec un superbe mépris l'homme de génie qui ne sue pas, et n'estiment l'instruction que comme un hors-d'œuvre sinon nuisible au moins inutile.

DE L'IMPOT.

La société a des besoins, les citoyens doivent y pourvoir : tel est l'objet de l'impôt.

Tous les citoyens étant égaux, chacun d'eux doit une part d'impôt proportionnée à sa fortune et à ses ressources : voilà la règle ; voyons si elle a été jusqu'ici bien appliquée.

L'impôt actuellement perçu, s'appelle impôt proportionnel, ce qui voudrait dire qu'il serait imposé à chacun en proportion de sa fortune. Entendu dans ce sens l'impôt est-il bien réellement proportionnel ?

Il n'est pas proportionnel en ce qu'il ne frappe que sur les propriétés immobilières, et qu'on peut jouir, en France, de cinquante, de cent, deux cent mille francs et un million de revenu en créances sur l'état, actions de chemins de fer, canaux, etc., sans payer autre chose que un franc cinquante centimes pour sa cote personnelle. Aussi les vrais riches n'ont-ils guère en propriétés foncières que ce qu'il leur faut pour leur agrément et leur donner le droit de chasse : quelques-uns même n'ont rien du tout.

Il n'est pas proportionnel, car le laboureur qui a pour dix mille francs de biens fonds, et est endetté d'autant, ne perçoit pas les fruits de sa terre, doit même annuellement en intérêts au delà de son produit et n'en paye pas moins l'impôt ; mais son créancier qui, par l'hypothèque ou même sans hypothèque, est le véritable propriétaire de la terre et en perçoit et au delà les fruits, ne doit pas un sou d'impôt.

Il n'est pas proportionnel parce que la porte d'étable paie aussi cher que la porte de château, la lucarne de la chaumière autant que la fenêtre du palais.

Il n'est pas proportionnel, parce que les terres ne paient le marc le franc de l'impôt que sur un revenu fictif du tiers environ de leur revenu réel, tandis que les habitations paient, en cote mobilière l'impôt sur leur revenu intégral ; et cela s'est fait ainsi : les répartiteurs communaux, ordinairement plus riches en terres qu'en habitations, se sont avisés depuis nombre d'années, contrairement à la loi, il est vrai, de hausser la cote mobilière sous le prétexte qu'elle était en disproportion avec l'aisance et les chances de bien-être des habitants sans terres ; ils établissaient ainsi une sorte d'impôt sur le revenu, la bonne constitution et la vigueur des bras ou la prospérité du commerce des travailleurs ; mais le fin mot de cette apparente équité, c'est que le plus pauvre est obligé de s'abriter sous un toit quelconque, et qu'en chargeant ce toit on déchargeait les terres d'autant.

Il n'est pas proportionnel, car la prestation en nature prend au laboureur ses journées et au bourgeois un écu, au pauvre qui n'use les routes qu'avec ses sabots autant qu'au fermier qui les use avec son tapecul, autant au fermier qu'au millionnaire roulant carrosse.

Il n'est pas proportionnel car le colporteur, l'artisan le plus infime paient patente, tandis que le notaire, l'avoué, le médecin, le curé, l'évêque, le fonctionnaire public gagnant par année dix, vingt et cinquante mille francs ne paient rien ; tandis que le rentier et le millionnaire, qui cependant ont le meilleur de tous les métiers, ne doivent pas un centime.

Il n'est pas proportionnel, car la patente elle-même est lourde au marchand et légère au banquier.

Il n'est pas proportionnel, parce que la piquette du pauvre paie autant de droits que le vin du riche; car le vin que boit l'ouvrier, le dimanche chez le débitant, paie un droit, tandis que le vin que boit le riche, tous les jours à sa table, ne doit rien.

Il n'est pas proportionnel, enfin, parce que toutes les denrées de première nécessité, que consomme le pauvre aussi bien que le riche, paient l'impôt, tandis que les mets recherchés, qui ne vont que sur la table du riche, ne doivent pas un sou.

D'où il résulte, chiffres en main, que le pauvre paie en proportion, partout trois fois plus que le riche, et dans les villes quatre fois plus. Le pauvre paie donc la dette du riche et c'est là ce que nos adversaires appelent la république *honnête*. *Honnête et pourquoi ?* n'est-ce pas parce que les hommes qui sont intéressés au maintien de l'état de choses actuel, se sont intitulés les honnêtes gens, et que, prenant l'avance, ils ont appelé voleurs ceux qui en voulaient la réformation et par suite la répartition loyale entre tous des charges sociales.

Républicains modérés ou plutôt royalistes, hommes du privilége sous tous ses formes, vous qui appelez les vrais républicains voleurs, prenez garde, votre masque est de cire et il fond au soleil. Ne l'oubliez pas : Vous n'avez été puissants jusqu'ici que, parce que la majorité de vos adversaires était dominée par vous et qu'elle est maintenant encore ignorante de ses droits et de ses véritables intérêts.

Ah ! nous sommes des voleurs parce que nous demandons la réformation de votre cher et bien aimé impôt proportionnel ! nous sommes des voleurs et des hommes de sang et de meurtre, parce que nous osons dire à tout le monde que cet impôt est une monstrueuse iniquité et qu'on vous saigne le cœur en parlant de le réformer ! Ne vous fâchez pas pour si peu, attendez et lisez ?

Nous, Socialistes, nous disons :

Que l'impôt ne doit pas être seulement une charge pour le citoyen, encore moins un moyen de fournir des jouissances à quelques individus haut placés, mais que ce doit être, uniquement, le prix de la garantie que lui donne l'Etat, ou la puissance de tous s'opposant à toute usurpation illégale. Or, celui qui n'a rien que le droit de vivre en travaillant, n'a pas besoin de garanties, puisque son droit existe en dehors de toute légitimation humaine ; il ne doit donc rien, absolument rien à État.

Que celui qui n'a que le nécessaire, ne doit rien non plus, car ce qui est nécessaire, indispensable à l'existence de l'homme ne peut pas lui être ravi, doit être respecté et lui rester en entier. Il n'y a que le superflu qui puisse être passible des obligations sociales; dans ce cas celui qui a plus de superflu, doit plus que celui qui en a moins : il est plus facile de payer cinq mille francs d'impôt quand on jouit de cinquante mille livres de rente, que de payer cent francs quand on ne possède que mille francs de revenu ; l'un donne ce dont il peut se passer, l'autre retranche de son nécessaire.

Nous voulons donc l'*Impôt progressif*.

Le travail étant une obligation imposée à l'homme par la loi providentielle, un droit naturel subsistant en dehors de toute garantie, une fonction libre et dont le profit doit appartenir tout entier à son auteur, le travail ne doit pas être imposé.

La patente, étant l'impôt sur le travail, doit être *supprimée.*

Les matières servant à l'alimentation de l'homme ne doivent pas non plus être passibles d'un impôt, car payer sur ces matières, alors qu'on paie déjà sur le revenu qui sert à se les procurer, serait un double emploi; payer sur ces matières, que le travailleur ne se procure que par ses sueurs, serait, d'un autre côté, attenter au droit du travail et en supprimer le bénéfice.

L'impôt doit donc être *unique* et établi *sur le revenu brut, foncier et mobilier.*

A ceux qui douteraient que cet impôt puisse être facilement établi et perçu, je répondrai :

Les cotes foncières imposables sont déjà connues; il n'y aurait plus qu'à déterminer le revenu exact de chaque immeuble;

Les rentes sur l'Etat seraient imposées au moyen d'une retenue sur les intérêts servis;

L'Etat, rachetant les chemins de fer, les canaux et les mines, donnerait aux actionnaires, en échange de leurs titres, des coupons de rentes sur le service desquelles serait retenu l'impôt, comme pour la dette publique actuelle;

Quant aux créances résultant de titres authentiques et même d'actes sous signatures privées pourvu qu'ils soient enregistrés, il en serait fait état, lors de leur enregistrement, pour la perception de l'impôt, qui demeurerait à la charge du créancier jusqu'à la libération de son débiteur, si celui-ci était déjà imposé sur son revenu; alors il serait déchargé d'autant. Cette combinaison aurait pour résultat, d'une part, de faciliter les prêts à la classe nécessiteuse, d'autre, de modérer ces hautes spéculations qui sont toujours au détriment de l'intérêt général.

Il n'entre pas dans le cadre d'un opuscule comme celui-ci de résoudre toutes les objections. La principale qu'on pourra faire, c'est qu'il sera facile d'échapper à l'impôt en plaçant son argent dans le commerce, l'industrie, chez les agriculteurs, sur simples reconnaissances : l'Etat y perdra, sans doute, mais les affaires et la circulation y gagneront, ce qui revient au même pour l'intérêt général, si ce n'est plus avantageux encore. On dira aussi que les prêteurs sur titres feront payer l'impôt par leurs débiteurs au moyen d'un excédant d'intérêt. D'abord ils seront rigoureusement surveillés et punis, puis l'existence des établissements de crédit dont je parlerai plus loin, jointe à ce fait que beaucoup se décideront à prêter sur simples promesses, rendront l'argent plus commun, et le prêteur à gros intérêts ne trouvera pas un emprunteur solvable.

Et ce n'est pas tout encore. L'impôt étant le gage de la sécurité de chacun, ou le prix payé par le citoyen en récompense de la garantie de possession que lui fournit l'Etat, celui-ci peut et doit même compléter cette garantie en l'étendant à tous les risques. Ainsi l'assurance contre l'incendie, la grêle, l'inondation, l'explosion, la dévastation, appliquée aux biens fonciers comme aux biens mobiliers ; l'assurance, tentée déjà par l'industrie privée, doit devenir une institution sociale qui la moralise en lui faisant perdre son caractère actuel de spéculation, la rende plus économique, la généralise et en fasse un véritable acte de mutualité et de solidarité. Non seulement le bénéfice de l'assurance, encore peu compris, s'étendrait à tous, mais le possesseur y gagnerait en économie et en sécurité. Ce nouvel impôt, alors, serait spécial, *indépendant du premier* et perçu sur *tous les objets* susceptibles de perte ou de détérioration, au moyen d'une simple déclaration : les immeubles, denrées, marchandises et le mobilier seraient assurés comme ils le sont présentement ; le numéraire le serait par le fait de son dépôt aux caisses ou banques sociales *seulement*, l'État ne pouvant garantir ni assurer le remboursement des autres créances.

Enfin nous voulons un *Impôt*, également *progressif*, sur toutes les *successions*, impôt spécialement destiné à éteindre les dettes publiques que la cupidité, seule, des privilégiés des régimes déchus a créées et grossies ; et pour commencer, nous voulons la *restitution* immédiate du *milliard* payé aux émigrés, à titre de prétendue indemnité, mais qui ne fut, en réalité, qu'une indigne spoliation de la fortune publique et des sueurs du travailleur au bénéfice d'une restauration aristocratique.

En un mot, nous voulons tout ce qui peut contribuer à amener, progressivement et sans secousses, le nivellement des fortunes et par lui la réparation des crimes ou des erreurs du passé, l'égalité réelle et sérieuse des droits et des libertés sociales, l'avènement de la seule véritable démocratie, enfin le bien-être de tous.

DU CRÉDIT.

Une des causes qui paralyseront toujours les efforts de la politique sociale dans l'accomplissement de l'émancipation des prolétaires, est l'existence du capital privé, libre dans son égoïsme, ses exigences et ses timidités.

Le travail ne sera donc jamais affranchi tant qu'il sera forcé de se soumettre à la loi du capital, c'est-à-dire, tant que le travailleur ne pourra pas se procurer facilement et à bon compte, sous la simple garantie de sa moralité, de son activité, de sa capacité et de sa bonne volonté, le capital, cet instrument faute duquel tout travail est dépendant et exploité, par conséquent sans récompense légitime pour celui qui l'exécute.

D'un autre côté, si le crédit privé, sans freins ni régulateur, est une cause d'incessantes iniquités au détriment du travailleur, c'est aussi une cause de désastres et de crises périodiques pour ce crédit lui-même, car on ne saurait nier que la crise actuelle, par exemple, dont la révolution de février n'a fait que développer le germe, est due tout entière à la lutte préexistante des capitaux entre eux, à la concurrence, au bon marché et à la pénurie de la classe la plus nombreuse, c'est-à-dire, à l'absence des consommateurs naturels des produits fabriqués. (J'ai déjà développé cette pensée dans un projet de comptoir agricole et commercial, à Coulommiers, en 1845.)

Pour obvier à tous ces maux, donner au prolétaire son droit incontestable et imprescriptible au travail *pour lui-même*, aussi bien qu'au possesseur toute la sécurité qu'il est également en droit de demander, nous voulons la création de *Banques cantonales* qui, liées à des banques départementales et par elles à une banque centrale fonctionnant sous le contrôle et la garantie

de l'Etat, recevraient en dépôt, à charge d'intérêts, les capitaux du riche comme du pauvre, et,
avec ces capitaux, distribueraient partout le crédit
aux travailleurs, mettraient en mouvement toutes
les activités, vivifieraient tous les travaux et par
l'accroissement des productions et des richesses
sociales, développeraient rapidement le bien-être
général, assureraient la consommation et per-
mettraient enfin la réduction, au moins relative,
de l'impôt.

L'agriculture, cette cause première de toute
richesse nationale, profiterait également de
l'établissement de ces banques qui, à l'aide d'un
nouveau système hypothécaire, pourraient lui
avancer, sans frais, des sommes dont l'importance serait dans de plus justes proportions avec
la valeur vénale des immeubles appelés, comme
par le passé, à en former la garantie : ainsi on
prêterait à l'agriculteur, je suppose, deux mille
francs contre l'affectation de pareille valeur de
biens libres, sous condition de remboursement
par annuités ou à échéance unique, et aussi, bien
entendu, que l'immeuble affecté deviendrait de
droit, sans autres poursuites qu'une simple mise
en demeure, la propriété de la banque, à défaut
par l'emprunteur d'exécuter les conditions du
prêt. L'agriculteur se verrait ainsi sauvé de l'exploitation de l'usure et des hommes de loi qui le
ruinent ; il multiplierait ses produits, les amé-
liorerait et rendrait en prospérité et en sécurité à
la République ce que celle-ci lui aurait donné en

protection efficace et en encouragements autrement sérieux que ceux qu'il recevait de la lésinerie monarchique.

Le rachat des chemins de fer, des canaux, des mines, etc., de toutes ces propriétés enfin qui sont évidemment sociales et qui n'ont été livrées à l'industrie privée qu'au mépris des principes, compléterait ce système financier et relèverait la fortune publique, source de toute fortune privée.

Ainsi s'accomplirait la révolution démocratique et sociale.

DE L'ASSOCIATION.

Par la même raison que l'union fait la force, l'association des travailleurs entre eux, jointe au crédit, doit fonder leur puissance ou, plus justement, les sortir de cet état d'abjection, de dépendance et de misère où les a plongés l'omnipotence spéculatrice du capital.

En effet, en même temps que le travail collectif permet cette division des fonctions qui régularise les moyens et augmente les produits, la condition de travailleur-maître et pour son propre compte, ennoblit l'homme, le relève en dignité, le moralise et par là agrandit ses forces, double son activité et son exactitude ; la vie en commun et les économies qu'elle procure dans les dépenses, achève de lui donner ces idées d'ordre dont il a tant besoin, en lui faisant entrevoir un avenir de repos, et de modestes mais honorables jouissances.

Cependant l'association ne saurait être forcée, elle doit être l'œuvre de la liberté, du temps et du raisonnement éclairé par la propagation des saines doctrines; la rendre obligatoire, en déterminer même les formes ce serait attenter à la liberté individuelle, et la violence, même légale, ne pourrait que nuire aux associations elles-mêmes.

Le rôle de l'État doit donc se borner à provoquer les tentatives généreuses, à les encourager et à les aider par toutes les ressources dont il dispose et qui sont capables de les faire triompher. Reste aux hommes sincèrement dévoués aux intérêts de l'humanité et aimant ce qui est bien, le soin de disposer les masses en les éclairant.

Réparer successivement, pacifiquement et par la seule force des idées, des institutions et des lois, les iniquités flagrantes des régimes passés; pousser à la juste et durable répartition entre tous des bienfaits sociaux; restituer, en un mot, à l'homme sa dignité, en lui faisant mieux comprendre et appliquer le dogme immortel et trois fois saint du christianisme, comme de la République démocratique et sociale : Liberté, Égalité, Fraternité, telle est la mission toute de dévoûment qu'ont résolu de remplir et d'accomplir ces

Socialistes que les roués du privilége et de l'exploitation s'appliquent tant, néanmoins et précisément à cause de cela, à décrier et à rendre méprisables.

Ecoutez les oracles du parti bourgeois, écoutez M. Guizot : il vous dira que le socialisme, comme le communisme et le fouriérisme qu'il confond à dessein, ne sont que de misérables utopies, une sorte de vase immonde, d'excrément qui s'est produit, dans tous les temps de commotions politiques, de la fermentation des idées révolutionnaires ; que leur application à notre société serait le dernier dégré de l'avilissement humain, la réduction de l'homme à l'état bestial, la démoralisation de tous les éléments sociaux, une violation monstrueuse, anormale de toutes les lois éternelles et, dit-il, immuables qui président à l'organisation des choses de ce monde.

Sorti de ce déluge de diatribes haineuses et que la mauvaise foi, seule, a pu inspirer à un homme comme M. Guizot, vous le voyez s'évertuant à vous démontrer le pourquoi de toutes ces hallucinations mensongères ; mais, si vous n'avez pas cet excessif amour-propre qui vous fait croire capable de comprendre même les choses incompréhensibles, vous comprenez bientôt que. . . . . . vous ne comprenez rien du tout.

En effet pour pouvoir condamner le socialisme à son aise, M. Guizot s'est vu forcé de renfermer sa logique dans ce cercle assez peu savant : que les révolutions qui ont successivement modifié la face des institutions humaines, n'ont rien modifié sinon dans la forme politique qui serait, prétend-il, la seule chose susceptible de recevoir une modification; autrement il aurait été obligé d'avouer que cet excrément, qu'on appelle le socialisme, avait donné naissance aux réformes partielles obtenues dans le sens des intérêts populaires qu'il avait mission de réclamer, et que, du moment où il apparaissait invariablement aux époques de commotions et produisait invariablement aussi les mêmes résultats, ce ne pouvait être un fait accid ntel et sans consistance. Ce que c'est que de n'être qu'un homme politique! ce que c'est que de faire de la logique de parti!

Voulez-vous savoir maintenant l'opinion du même M. Guizot sur le meilleur des gouvernements? voici : Les gouvernements déchus ne valaient rien puisqu'on n'en veut plus; c'est clair cela. Quant à la démocratie elle est encore plus impossible que tous les gouvernements déchus à la fois, ce n'est qu'un mot sonore et sur l'efficacité duquel les chercheurs d'idées s'abusent jusqu'à la niaiserie. Vous croyez peut-être que M. Guizot va vous dire enfin quel est le meilleur des gouvernements? Pas du tout! il ne s'oppose pas néanmoins à ce que vous deviniez que ce gouvernement, c'est. . . . . . . le sien, parbleu! Prrrrrenez mon elixir.

Si, ensuite, vous avez affaire à M. Thiers, défendant la propriété à l'occasion du droit au travail, c'est encore plus fort : vous l'entendez vous dire que cette propriété dans toute son extension, ses prérogatives et ses conséquences actuelles, avec son monopole et son omnipotence à l'encontre du travail actif, est de droit étroit, absolu, plus que cela divin, éternel, et — par la raison.... devinez? je vous le donne en mille..... par la raison que les lions, dans les forêts, ont l'habitude de se créer et de se délimiter à eux-mêmes leur arrondissement de chasse!

Voyez-vous M. Thiers, qui est haut comme ma botte, faisant le lion, et parcourant gravement son arrondissement de chasse? Et nous autres, que sommes-nous donc, s'il vous plait M. Thiers? des carlins, des bêtes de somme, des lapins de choux peut-être, ou bien des puces qui vous tourmentent? mais patience, M. Thiers, nous nous reverrons bientôt et de plus près encore, et comme je ne suis pas de trempe à m'incliner humblement devant toutes les sottises que débitent les hommes illustres, je serai heureux et fier que vous éprouviez, en me lisant si vous me faites cet honneur, la colère du lion luttant contre la mouche du bon Lafontaine.

J'ai dit qu'en écoutant les beaux dilemmes de ces Messieurs on éprouvait quelque chose comme le désappointement d'un sourd qui, espérant entendre la musique d'un concert monstre Berlioz, reconnaîtrait avec dépit l'impuissance de son cornet acoustique; je me suis trompé. A force de lire et relire, on finit par percevoir ceci : n'écrivant que pour fournir des phrases à leurs adhérents bourgeois et aristocrates, sûrs d'obtenir d'eux ces applaudissements qu'ambitionnent tous les Hercules, ces Messieurs ont mis leur conscience à la porte, puis se sont évertués à défendre exclusivement avec toute la dextérité d'esprit et d'imagination qui les distingue, non pas la société humaine, qu'on ne s'y trompe pas, mais leur société à eux, ce monde des Praslins et des Cubières, des grecs et des spéculateurs à la hausse, des lorettes et des femmes vaporeuses, le monde du Jockey-club enfin ; mais le monde de tout le monde, fi donc ! Héritiers des atroces préjugés qui firent des bourreaux exécrables des patriciens des premiers temps du christianisme, ces Messieurs n'osent pas tout-à-fait contester, mais ne sont pas bien sûrs non plus que l'ouvrier soit un homme.

Ecoutez encore ces orgueilleux châtelains, restés incorrigiblement amoureux comme au temps de l'émigration, de la dîme, de la corvée, des redevances féodales, voire même les plus guillerets du droit du cuissage ; ils vous conteront des mœurs anciennes des choses merveilleuses : ils vous parleront de chevaliers et de revenants, de courses en maraude et de fêtes au coin du feu, de loups-garoux et de rosières : c'était le bon temps alors, tout le monde était heureux et menait joyeusement la vie entre l'épée, la table et l'amour ! Mais, si vous leur demandez ce que faisait le peuple dans ce temps-là, ils dresseront les oreilles tout surpris d'entendre prononcer un tel mot. C'est qu'en effet le peuple, dans ces temps heureux, n'était rien, n''existait pas, ne comptait pour rien ; on n'écrivait pas son histoire à lui ; c'était à peu de chose près, comme si vous alliez demander aujourd'hui au cheval qui laboure ou au taureau qui mugit dans nos champs comment ils se trouvent de la République.

La suprématie de leur race est à l'état de maladie incurable chez ces gens-là, elle est leur marotte; leur légitimité ne veut pas dire autre chose. Les blancs seront toujours les blancs, disait Bonaparte..... le grand! Fiez-vous y donc, donnez leur le pouvoir et vous les verrez bientôt retourner, comme d'eux-mêmes et, pour ainsi dire, sans s'en douter, aux temps heureux dont nous parlions tout à l'heure, et ils nous y feraient rétrograder avec eux. Et ce qu'il y a de plus surprenant dans tout ceci, c'est que quelques-uns de ces gentillâtres surannés sont de bonne foi en disant qu'ils cherchent à faire le bonheur des hommes, mais voici comment : possesseurs de tous les pouvoirs comme bientôt après de toutes les richesses, ils consentiraient volontiers à faire l'aumône au peuple; ils se délectent dans la perspective de ce rôle de bienfaiteurs en titre de l'humanité. Tâche!

Qu'il soit donc bien constaté que, dans un certain monde, l'homme du peuple est un peu moins que n'est la femme en Turquie, et que, parler à ce monde de ramener le peuple à la vie sociale, à l'égalité politique, morale et par dessus tout positive et matérielle, c'est commettre une hérésie, un crime de lèse-majesté humaine.

Cet orgueil de caste, noble ou bourgeoise, ne provient-il pas de ce fait que trop de gens sont habitués à ne raisonner jamais qu'avec leur intérêt personnel et oublient sans cesse que l'unique moyen de raisonner juste, c'est de raisonner avec la raison.

Pourquoi d'ailleurs tous ces mensonges et toutes ces calomnies? Pourquoi? parce que les hommes du privilége, dans l'origine, établirent leur domination par la violence, le dol et la fraude, et que les hommes actuels du privilége ne sont, en définitive, que les enfants de leurs pères; ils se défendent comme ceux-là se sont grandis.

Mais, fiers de notre cause et de l'assentiment de notre conscience, le fiel avec lequel l'ancienne société semble prendre à tâche de nous abreuver, n'a pour nous que peu d'amertume; nous avons d'autant plus de raison de nous y attendre que, dans tous les temps, ceux qui se sont voués à la défense des intérêts du faible et de l'opprimé ont été victimes des mêmes accusations. Ainsi que les disciples du Christ, nous serons donc forts, éloquents et courageux, et nous aurons raison sur nos adversaires, non à cause de nos mérites personnels, mais parce que la cause que nous défendons est celle de la justice et de la vérité.

Avant de finir, j'éprouve le besoin de répondre à cette accusation de communistes et de partageurs de biens que nos adversaires, plus adroits que délicats, font peser sur nous et avec laquelle ils jettent l'épouvante parmi les crédules habitants des campagnes.

Le socialisme, le communisme et le fouriérisme procèdent tous trois de la même origine, du
même principe : le besoin de ramener la société
humaine dans sa voie normale, de l'organiser sur
ses bases primitives dictées par la suprême intelligence et justice, par Dieu lui-même ; seulement
ils diffèrent dans l'application.

Le communisme, poussant la loi de la fraternité jusqu'à la limite la plus extrême, suppose
une société régie par l'obligation du travail de
chacun pour tous, avec une répartition égale et
sans préférence entre tous du produit du travail
général, c'est-à-dire, la mise en communauté des
biens et des fruits et l'appropriation de ces derniers au fur et à mesure des besoins de chacun.

Dieu a donné aux hommes des aptitudes di-
verses, il a fait l'un fort ou intelligent, l'autre
faible et idiot ; vouloir entre les hommes une
égalité parfaite, même sous prétexte de fraternité,
est donc une utopie, puisque cette égalité n'existe
pas dans la nature elle-même. Il est donc certainement plus rationnel de laisser l'homme dans
son état d'imperfectibilité dative, que de ne rien
produire de durable en contrariant les vues pro-
videntielles.

Le fouriérisme diffère du communisme en ce
qu'il distribue les biens entre une foule de tribus
ou phalanstères, vivant de la vie commune. Le
communisme serait le couvent universel, le rate-
lier social ; le phalanstérianisme serait l'univers
peuplé d'une myriade de couvents, moins l'ascé-
tisme et la macération.

Le catholicisme par son annexion et son adhérence intime à toutes les institutions féodales et aristocratiques qu'il suivit dans leurs splendeurs barbares, qu'il imita dans leurs crimes, leurs vices et leurs turpitudes, qu'il imite encore dans leur sordide résistance et qu'il suivra dans leur chute définitive; le catholicisme, avec son mysticisme dégradant et son fétichisme spéculatif, ne fut que la réaction naturelle, et sans doute nécessaire, du choc immense que produisit sur le monde intellectuel l'apparition du christianisme.

Celui-ci a donc LA VÉRITÉ, et la contient tout entière; essayer, comme le font quelques-uns, d'en inventer une autre, serait marcher droit à l'erreur, et bientôt après au ridicule; car il n'y a pas deux manières d'être la vérité, il n'y en a qu'une seule.

Le christianisme est donc l'œuvre capitale, immense, incommensurable, éternelle que les doctrines sociales ont pour objet *de reprendre et d'achever.* Comme nous, qu'ils ont mê ue précédés, les communistes et les phalanstériens, se disent les continuateurs de la mission rédemptrice du Christ; mais, imitateurs trop serviles des premiers chrétiens qui mirent tous leurs biens en commun, les communistes veulent de cette communauté des biens; les phalanstériens, à leur tour, prenant pour types les moines agriculteurs et artisans des cinquième et sixième siècles, chez lesquels s'est, jusqu'à nous, conservée à peu près pure la vraie tradition chrétienne, et auxquels nous sommes redevables aussi du degré éminent où nous trouvons les sciences, l'agriculture et les arts; les phalanstériens veulent la constitution de notre société en associations fraternelles, partielles et presque indépendantes.

Quant à nous, socialistes, estimant avec raison que, si les principes qui dominent dans le droit humain sont éternels, imprescriptibles et immuables, il n'en peut être de même dans les formes à employer pour leur application; estimant que ces formes, au contraire, sont mobiles et subordonnées à la loi du progrès, de la civilisation et de la perfectibilité humaine, nous ne préjugeons pas ce que devrait être aujourd'hui la société chrétienne pure, si elle eût eu vie et se fût continuée jusqu'à nous; nous prenons le monde tel qu'il existe, seulement nous cherchons à le guérir de cette plaie du privilége qui le gangrène et nous conduirait infailliblement à la ruine et à une dissolution sociale complète, si les destinées humaines étaient aux mains des quelques misérables égoïstes qui se prétendent seuls aptes à gouverner sagement; mais nous laissons au temps, aux lumières et à l'expérience le soin de débattre les formes qui doivent servir à la réalisation de nos principes, sans nous enfermer dans aucun système absolu.

Un contrat social qui stipule au profit de quelques associés le droit d'exploiter tous les autres et qui, sans accorder aucun droit sérieux aux exploités, les oblige encore à assurer à leurs exploiteurs la tranquille jouissance des bénéfices de leur usurpation, un tel acte n'est pas un contrat;

dans tous les codes du monde, ce serait.......... une escroquerie. Voilà tout ce que nous voulons toujours combattre et achever de détruire, encore n'est-ce qu'en améliorant, progressivement et pacifiquement, le sort des déshérités.

Est-il nécessaire d'ajouter qu'il n'y a rien de commun non plus entre nous et ces penseurs nuageux qu'on appelle des illuminés, des révélateurs. Démolisseurs monomanes, ces hommes s'occupent peu de reconstruire, ou s'ils l'essaient c'est sur un sol qu'ils n'ont pas même pris la peine de déblayer, qui est vieilli et, qui tremble. Ils édifient à côté de monuments qui dominent toujours et qui combattront nécessairement toutes les nouveautés, devraient-ils périr eux mêmes dans la lutte. Si donc j'en parle ici, ce n'est qu'à cause de l'importance certainement imméritée et ridicule que nos adversaires ne leur accordent que dans l'unique pensée de nous nuire, en nous les donnant volontiers pour chefs.

S'il est, enfin, quelques républicains qui veulent des révolutions pour arriver à la liberté, il en est d'autres aussi qui ne veulent de la liberté que pour éviter les révolutions ; nous sommes de ces derniers.

Hommes qui dénigrez nos intentions, travestissez nos actes et nous calomniez à merci ; hommes qui ne voulez de l'immobilité que parce qu'elle est l'immobilité du bien pour vous, mais en même

temps l'immobilité du mal pour les autres ; égoïstes
et aristocrates sous toutes les formes, vous savez
maintenant ce que nous sommes, vous ne pouvez
prétendre cause d'ignorance de nos principes et
de nos vœux ; vous savez que notre seul et unique
crime, à nous, c'est de vouloir l'avènement du
bien pour tous, pour vous comme pour les autres ;
osez, si vous en avez encore l'impudeur, nous en
blâmer; soit ! nous demeurerons impassibles, car
vos traits empoisonnés ne sauraient pénétrer dans
des cœurs que garde la conscience. Mais n'essayez pas ne nous arrêter, vous perdriez votre
peine, car un seul de nous a plus d'âme, de force,
de courage et de généreuse abnégation que cent
des vôtres! Mais n'essayez pas non plus de nous
arrêter par la violence, car votre règne a fini et
celui de la justice commence ?

Songez-y, s'il n'y a pas loin du Capitole à la
roche Tarpéienne, il n'y a pas loin non plus de
la roche Tarpéienne au Capitole!

Et nous sommes en révolution.

Et j'ai signé ici pour la garantie et la responsabilité de l'éditeur.

BERTRAND.

Meaux. — Imprim. A. Carro.